AF257334

QUE LES MINISTRES,

ET AUTRES

FONCTIONNAIRES PUBLICS,

NE SOIENT PAS ADMIS

A LA REPRÉSENTATION NATIONALE.

PROJET DE PÉTITION

A LA CHAMBRE DES DÉPUTÉS.

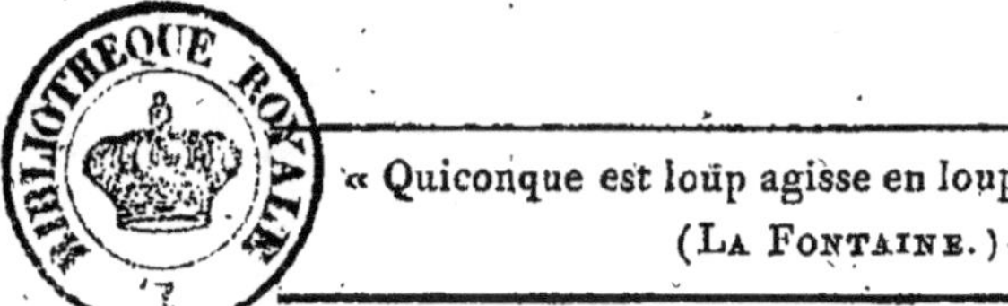

« Quiconque est loup agisse en loup. »
(LA FONTAINE.)

A PARIS,

Chez L'HUILLIER, Libraire, rue Serpente, n°. 16.
DELAUNAY, Libraire, au Palais Royal, galerie de bois.
MONGIE, Libraire, Boulevard Poissonnière, n°. 18.

JUILLET 1818.

AVERTISSEMENT.

1°. Je n'ai fait imprimer cette pétition, *en projet*, que pour donner le temps à tous les électeurs de m'aider de leurs conseils d'ici à la prochaine session.

2°. On ne signe pas un *projet* de pétition, mais le nom de l'auteur ne sera point un mystère pour quiconque voudra le demander à l'imprimeur.

QUE LES MINISTRES,

ET AUTRES

FONCTIONNAIRES PUBLICS

Ne soient pas admis à la Représentation nationale.

PROJET DE PÉTITION.

MESSIEURS,

Il est permis à un Français d'émettre ses vœux, s'ils ne tendent qu'au bonheur de sa patrie, et c'est à vous d'apprécier les moyens qu'il propose pour atteindre ce but encore si loin de nous. Après tant de souffrances, lorsque l'espérance de vivre enfin sous le seul empire de la loi et de la justice est achetée par tant de sacrifices, c'est un devoir pour tous les enfans de cette patrie de rechercher ce qui peut l'amener à un état si désirable. L'intention d'améliorer les institutions de son pays n'étant point séditieuse, on ne doit craindre que de s'être trompé toutes les fois qu'on a été guidé par un semblable motif.

Aucun autre ne m'a conduit à demander la révision de la charte, en ce qui concerne l'article 54.

Mais avant de développer ma proposition, j'ai besoin de protester de mon respect pour cette loi fondamentale que je suis loin de critiquer, dumoins en toutes ses parties ; c'est, sans doute, ce qu'on pouvait faire de mieux pour aller plus tard à la perfection, s'il est possible de jamais l'atteindre, et personne plus que moi ne désire de là voir inviolable en ce qu'elle a d'utile pour la liberté.

Toutefois, cette bonne opinion d'une *œuvre humaine* ne doit point empêcher de vouloir la rendre encore plus digne d'éloges (1).

Le premier paragraphe de l'article 54 est ainsi conçu :

« Les ministres peuvent être membres de la chambre des pairs ou de la chambre des députés. » (2)

----

(1) Si une ordonnance royale pouvait faire autorité en pareille matière, je citerais celle qui fut rendue *le 13 juillet de l'an de grâce* 1815 : elle prescrivait la *révision* de 13 articles de la charte.

(2) Le second paragraphe n'est relatif qu'à leur entrée dans les chambres comme ministres, et ce n'est point sous ce rapport qu'il est blâmable ; c'est comme pairs ou députés qu'on souffre de les voir siéger, dumoins tant qu'ils ont un ministère. J'avertis, au surplus, que je ne parlerai que de l'inconvénient d'avoir des fonctionnaires publics parmi les *Représentans de la nation*, parce que le mal est moins frappant dans la chambre des pairs, qui n'est point élue par le peuple. Bien que les votes des ministres-pairs puissent être également contestés, je laisserai de côté cette branche de la législature.

Sans examiner dans quel esprit a été dictée une telle disposition, il est aisé d'en démontrer les inconvéniens, on n'est arrêté que par la difficulté de les exposer tous.

Et, en effet, Messieurs, qui ne serait pas frappé de l'incohérence de ces expressions : « LES MINISTRES *peuvent être* DÉPUTÉS ? » Je ne veux point faire ici l'inconvenante comparaison de l'homme qui en même temps est juge et partie. A dieu ne plaise que je suppose aux ministres des intentions hostiles à ce point qu'ils puissent être justement qualifiés de parties adverses de la nation. Non, je ne chercherai pas à établir qu'en défendant leurs droits ils ne défendent pas ceux du peuple, que les uns soient presque toujours opposés aux autres; que la lutte entre le ministère et nos représentans soit une lutte entre l'arbitraire et la loi.... Je veux seulement prouver qu'il est impossible que le même individu soit à la fois *et ministre et député*; que voulant être l'un on ne peut pas être l'autre, ou que si l'on veut être un peu l'un et un peu l'autre, on n'est rien.

Et, ne parlant d'abord que de l'impossibilité physique, il est évident que le même jour, à la même heure, on ne peut être dans le cabinet du roi et siéger à la chambre. Or, le devoir de ministre a-t-il la préférence? la nation perd un défenseur de ses droits. Le devoir de député l'emporte-t-il? le roi perd un conseiller.

Dans le premier cas, quel ne doit pas être le regret du ministre-député, lorsque, foulant le brocart auprès du roi son maître, il se rappelle le grand nombre d'opprimés qui invoquèrent sa généreuse éloquence, et voit ces malheureux, se bercer d'un vain espoir, et l'applaudir d'avance à la chaise curule? Combien alors les suffrages qu'il obtînt au moment des élections doivent lui être importuns !

Cependant, abandonnera t-il le monarque dont il est le serviteur obligé? Ira-t-il attaquer les propositions dont lui-même est l'organe?

Je serais au désespoir si je donnais à penser qu'il y eût dans la mienne la moindre personnalité, et je nomme ici les ministres-députés uniquement à cause de leurs doubles fonctions, et non à cause de leurs personnes; mais qu'on m'explique, si cela se peut, comment on pourrait exiger que M. Pasquier, député du département de la Seine, allât à la tribune défendre la liberté de la presse, pour faire place à Sa Grandeur monseigneur le garde-des-sceaux, ministre de la justice, qui viendrait dire que *comme les crimes, en pareille matière, se renouvellent dans le temps, ils se multiplient dans l'espace* (1) ?

Comment concilier l'opinion de M. Lainé, député du département de la Gironde, lequel soutiendrait (ici je ne fais que supposer) la pétition d'un homme qui aurait été détenu arbitrairement par son préfet, avec l'opinion de son excellence monseigneur le ministre de l'intérieur cherchant à justifier la rigueur exercée par son subordonné?

____

(1) Voyez la lettre au garde-des-Sceaux par M. Comte, page 25.

Supposons que tout le ministère fasse partie de la chambre des députés.

D'abord, ne serait-il pas à craindre que les momens donnés à cette fonction par le ministre des affaires étrangères n'eussent été destinés à des négociations de la plus haute importance? Le mauvais traitement dont sont l'objet, chez les rois de la Sainte-Alliance, des hommes que la patrie et l'humanité rappellent; l'affranchissement de notre territoire, resté trop long-temps à la garde des étrangers; la réduction des contributions de guerre qui ne sont en proportion qu'avec la *générosité* des hautes parties contractantes; un ministre a-t-il donc trop de temps et de lumières pour ne pas trouver là un vaste champ à sa sollicitude?

Si un ministre de la marine était élu député, qui nous assure qu'au moment où il mettrait dans l'urne la seule boule blanche sans laquelle, peut-être, certaine loi d'exception ne passerait pas, une seconde Méduse ne fût en péril, une de nos colonies exposée à tomber sous l'empire britannique, etc., etc.?

Qu'on nomme un ministre des finances député, exigera-t-on sérieusement qu'il vienne proposer des réductions dans le budget, lui qui n'a pas trop d'une année pour le rédiger le plus économiquement possible, et qui, attendu l'importance d'un tel travail, sera peut-être forcé de l'intituler à l'avenir : *budget de l'année passée*..... (1)?

____

(1) On a vu que déjà les budgets des années précédentes

C'est sur-tout dans le département de la police que le danger d'y choisir un représentant serait imminent. Que de conspirations, vraies ou fausses, pourraient conduire au supplice d'innocentes victimes ; que d'arrestations arbitraires pourraient avoir lieu si le ministre vigilant de la police générale était obligé de sortir de ses immenses attributions !

Mais il n'en sera pas ainsi. Leurs excellences seront les premières à applaudir au léger changement que je propose dans la rédaction de l'article 54 de la charte ; les ministres-députés actuels seront les premiers à voter pour mon amendement. J'ai une trop haute idée de leurs principes de justice et de leur modestie pour en douter un instant. N'ai-je pas vu leur timide et noble embarras, lorsque, forcés de prendre part à l'appel nominal, ou au simple assis et levé, ils s'apercevaient que, sans eux, la majorité eût été au moins douteuse ?

Et ce que je dis des ministres doit s'entendre également de tout fonctionnaire public, soit civil, soit militaire, appelé à la représentation nationale.

Les ministres d'État, conseillers d'État et sous-secrétaires d'État ; les maréchaux et gé-

---

n'ont été définitifs qu'aux mois de juin ou juillet. Mais, il faut le dire, le budget n'est pas la seule occupation d'un ministre des finances : tout le monde sait, par exemple, ce qu'un *emprunt à l'étranger* lui demanderait de soins.

néraux ; les présidens de cours royales, procureurs généraux, procureurs du roi, conseillers
et avocats généraux ; les préfets et sous-préfets ;
les directeurs d'administrations, etc. ; en un
mot, et on ne peut trop le répéter, tous les
fonctionnaires publics, soit civils, soit militai-
res, doivent, comme les ministres, être exclus
de la chambre des députés.

Un ministre d'Etat, un conseiller d'Etat, un
sous-secrétaire d'Etat, doivent leurs lumières au
conseil du prince ; un maréchal peut avoir une
province à gouverner et à ramener à l'obéissance,
un lieutenant-général une division à commander,
et le maréchal-de-camp un département ; un président de cour royale ne peut quitter le palais
de Justice, un procureur-général, un procureur
du roi ont des mandats d'arrêt à lancer, des
causes séditieuses à poursuivre, etc., etc. ; bref,
tout fonctionnaire a ses occupations plus ou
moins importantes ; car, s'il n'en avait pas, l'é-
conomie voudrait qu'on supprimât sa place.

C'est pour ces derniers sur-tout que l'on re-
marque l'incompatibilité des doubles fonctions
que j'ai signalée plus haut, en parlant des ministres. Par exemple : eût-on pu raisonnable-
ment demander, dans les sessions précédentes,
que M. Bellart, député du département de la
Seine, et M. Jacquinot-Pampelune, député du
département de l'Yonne, combattissent les lois
d'exception rendues contre nos libertés, lorsque, en sortant de la séance, M. Bellart, conseiller d'Etat, procureur-général près la cour
royale de Paris, et M. Jacquinot, maître des
requêtes, procureur du roi près la même cour,

exécutaient avec le zèle de bons serviteurs du roi ces mêmes lois d'exception? Et combien ne pourrait-on pas multiplier de semblables citations?

Ainsi, dans la session dernière, nous avons eu à déplorer pendant sept mois la présence à la chambre, je veux dire l'éloignement de leurs fonctions de MM.

(L'astérique indique ceux des députés - fonctionnaires publics qui sortent en 1818.)

Anglès père, conseiller de préfecture à Gap, député des Hautes-Alpes.

Arnaud de Puymoisson *, procureur-général à Aix, député des Basses-Alpes.

Augier, maréchal-de-camp, député du Cher.

Aupetit-Durand, procureur du roi à Montluçon, député de l'Allier.

Avoyne de Chantereyne *, avocat-général à Caen, député de la Manche.

Barrairon, conseiller d'Etat, directeur-général des domaines, député du Lot.

Baudry, procureur du roi à Saintes, député de la Charente-Inférieure.

Bayet, président du tribunal civil à Issoire, député du Puy-de-Dôme.

Becquey, conseiller d'Etat, directeur général des ponts-et-chaussées, député de la Haute-Marne.

Begouen, conseiller d'Etat, député de la Seine-Inférieure.

Bellart, conseiller d'Etat, procureur-général à Paris, député de la Seine.

Beugnot, membre du conseil privé, député de la Seine-Inférieure et de la Haute-Marne.

Blanquart de Bailleul, procureur-général à Douai, député du Pas-de-Calais.

Boin, juge à Sançerre, député du Cher.

Bonald, conseiller de préfecture à Rhodez, député de l'Aveyron.

Borel de Bretizel, conseiller à la cour de cassation, député de l'Oise.

Bourcier, lieutenant-général, conseiller d'Etat, député de la Meurthe.

Bourdeau, procureur-général à Rennes, député de la Haute-Vienne.

Broglie (*le prince de*), conseiller d'Etat, maréchal de camp, député de l'Orne.

Brun de Villeret, maréchal-de-camp, député de la Lozère.

Calvet-Madaillan, conseiller de préfecture à Foix, député de l'Arriège.

Camille-Jordan, conseiller d'Etat, député de l'Ain.

Cardonnel, président de chambre à la cour royale de Toulouse, député du Tarn.

Cassaignolles, procureur du roi à Auch, député du Gers.

Causans, lieutenant-général, député de Vaucluse.

Chevalier-Lemore, procureur du roi à Yssingeaux, député de la Haute-Loire.

Chevalier-Malibert, juge au tribunal de Mayenne, député de la Mayenne.

Cotton, préfet de Vaucluse, député du Rhône.

Courvoisier, avocat-général à Besançon (maintenant procureur-général à Lyon), député du Doubs.

Daldegnier, président de chambre à la cour royale de Toulouse, député de la Haute-Garonne.

D'Ambrugeac *, maréchal-de-camp, député de la Corrèze.

Déforest de Quartdeville *, premier président de la cour royale de Douai, député du Nord.

Delaître, maître des requêtes, ex - préfet, député de Seine-et-Oise.

Delaunay, président de chambre à la cour royale de Caen, député de l'Orne.

Delong, président de la cour d'Agen, député du Gers.

Desmoutier *, président du tribunal de Douai, député du Nord.

Despatys *, procureur du roi à Melun, député de Seine-et-Marne.

Druet-Desvaux, conseiller de préfecture et inspecteur des forêts à Alençon, député de l'Orne.

Dufougerais *, directeur de la caisse d'amortissement, député de la Vendée.

Duhamel *, maître des requêtes, député de la Manche.

Dumanoir *, contre-amiral, député de la Manche.

Dumarhallach *, conseiller de préfecture à Quimper, député du Finistère.

Dupleix de Mézy *, conseiller d'État, directeur-général des postes, député du Nord.

Dupont, lieutenant-général, député de la Charente.

Ernouf *, lieutenant-général, député de la Moselle.

Favard de Langlade, conseiller d'État et à la cour de cassation, député du Puy-de-Dôme.

Figarol, premier président de la cour royale de Pau, député des Hautes-Pyrénées.

Ganilh, conseiller de préfecture à Aurillac, député du Cantal.

Jacquinot-Pampelune, maître des requêtes et procureur du roi à Paris, député de l'Yonne.

Jounneau, entreposeur des Tabacs à Rochefort, député de la Charente-Inférieure.

Kern, conseiller de préfecture à Strasbourg, député du Bas-Rhin.

Labouillèrie *, conseiller d'Etat, sous-secrétaire d'Etat des finances et intendant de la liste civile, député de la Sarthe.

Lainé, ministre de l'intérieur, député de la Gironde.

Léjolis-Devilliers *, conseiller de préfecture à Saint-Lô, député de la Manche.

Legraverend, conseiller à la cour de Rennes, député d'Ille-et-Vilaine.

Lezai-Marnésia, préfet du Rhône, député du Lot.

Louis, ex-ministre des finances, membre du conseil privé, député de la Meurthe.

Maccarthy, maréchal-de-camp, député de la Drôme.

Maine de Biran, conseiller d'Etat, député de la Dordogne.

Metz, conseiller à la cour de Colmar, député du Bas-Rhin.

Moll, directeur des contributions, touchant un traitement de non activité, député du Haut-Rhin.

Montcalm, maréchal-de-camp, député de l'Hérault.

Morisset, inspecteur des forêts à Niort, député des Deux-Sèvres.

Paporet, juge à Saint-Quentin, député de l'Aisne.

Pasquier, garde-des-Sceaux, ministre de la justice, député de la Seine.

Paul de Châteaudouble, sous préfet à Toulon, député du Var.

Poyferré de Cerre *, préfet à Niort, député des Landes.

Preveraud de la Boutresse, conseiller à la cour de Riom, député de l'Allier.

Puymaurin, directeur de la monnaie royale des médailles, député de la Haute-Garonne.

Ravez, conseiller d'Etat, sous-secrétaire d'Etat au département de la justice, député de la Gironde.

Richard jeune, conseiller de préfecture à Nantes, député de la Loire-Inférieure.

Rivière, avocat-général à la cour d'Agen, député de Lot-et-Garonne.

Royer-Collard, conseiller d'Etat, président de la commission d'instruction publique, député de la Marne.

Rupérou, conseiller en la cour de cassation, député des Côtes-du-Nord.

Saint-Cricq (*de*) *, conseiller d'Etat, directeur-général des Douanes, député de Seine-et-Marne.

Sartelon *, intendant militaire de l'infanterie de la garde royale, député de la Corrèze.

Scey (*de*), préfet à Besançon, député du Doubs.

Serre (*de*), conseiller d'Etat, premier président de la cour de Colmar, député du Haut-Rhin.

Siméon, conseiller d'Etat, député du Var.

Sirand *, conseiller de préfecture à Bourg, député de l'Ain.

Trévise (*le duc de*) *, maréchal de France, député du Nord.

Trinquelague *, conseiller d'Etat et à la cour de cassation, député du Gard.

Voysin de Gartempe *, premier président de la cour de Metz, député de la Moselle.

Voilà donc un tiers des membres de la chambre qui n'aurait pas dû siéger (1).

----

(1) Je ne puis citer tous les *fonctionnaires publics-députés*, je n'en ai pas la liste complète; mais l'extrait que j'en donne suffira pour établir que sur 258 députés il y en a plus de 80 qui ne devraient pas l'être.

Il peut se faire que dans cet aperçu il y ait quelques inexactitudes, mais je puis garantir qu'elles ne sont pas nombreuses, et qu'il faut les regarder, s'il s'en trouve, comme compensées, et au-delà, par les omissions.

J'ai déjà dit que je n'entendais signaler qui que ce fût personnellement , et je le prouve : que les députés que je viens de nommer , obéissant au besoin pressant de se donner tout entiers à la patrie , s'empressent de rendre au gouvernement les emplois qu'ils occupent , et je n'hésiterai point à publier qu'ils sont dignes , trois fois dignes de nous représenter. Une telle *démission* leur donnerait tant de droits à la reconnaissance publique , que je ne serais point du tout surpris de voir suivre ce beau mouvement, lorsque ma proposition aura été consacrée dans la loi , par ceux que j'ai désignés et sans en excepter un seul : leur qualité de Français m'assure de leur désintéressement......

Daignez remarquer , Messieurs , le bon effet qui en résulterait encore sous le rapport de l'opinion que doit prendre de vous la nation que vous représentez. On ne ferait plus ces fâcheuses distinctions entre ce qu'on appelle les députés *ministériels* et les députés *indépendans* ; on ne saurait plus ce que voudrait dire le *centre* de la chambre formé aujourd'hui , il faut en convenir , par tout ce qu'elle possède de fonctionnaires publics ; on ne mettrait plus dans la bouche de tel ou tel député l'apologie d'un dîner ministériel : si vous dîniez chez les ministres, ce qui ne peut être que fort agréable, on ne penserait jamais qu'il y eût autre chose que politesse de la part de leurs Excellences , politesse à laquelle on croirait nos droits tout-à-fait étrangers ; on ne dirait plus ce qu'on dit , à tort sans doute , des députés qui ont des places ou à qui l'on suppose l'envie d'en avoir ; ceux de vous, Messieurs, qui remplissent des emplois publics, ne seraient plus exposés à de singuliers rapprochemens, à de piquantes réflexions de la part de leurs collègues eux-mêmes lorsqu'on discute une loi, telle, par exemple, que celle du budget ; on ne répéterait plus la scandaleuse assertion (que, pour mon compte, j'ai toujours crue fausse, mais à laquelle des gens plus crédules pourraient malheureusement ajouter foi) : que les mouvemens du *centre*, soit pour l'assis et levé, soit pour tout autre genre de vote, se font au signal du *banc des ministres*, et qu'on a vu, en certaine occasion et à ce même signal, tout le centre quitter la place, dans la crainte de n'être pas en majorité, et faire ainsi lever la séance..... Enfin, Messieurs, vous seriez respectés de tous, parce que vous ne pourriez être que les défenseurs de tous.

J'éviterai de citer à l'appui de mon opinion plusieurs de nos publicistes ; le sujet est trop simple en lui-même pour n'être pas compris par tout homme raisonnable : il est impossible qu'il souffre la moindre discussion. Je ne rappellerai, Messieurs, que l'autorité de Montesquieu. Il s'exprime, dans son chapitre 6, livre XI de l'esprit des lois, de la manière suivante :

« Tout serait perdu, si le même homme ou
« le même corps des principaux ou des nobles
« ou du peuple exerçaient ces trois pouvoirs :
« celui de faire des lois, celui d'exécuter les
« résolutions publiques, et celui de juger les
« crimes ou les différends des particuliers ».

Et il ajoute : « Chez les turcs , où ces trois « pouvoirs sont réunis sur la tête du Sultan , il « règne un affreux despotisme ».

Je ne prétends pas tirer de cette citation la conséquence que *tout serait perdu* si vous n'é-coutiez point ma proposition ; je ne veux pas dire que nous n'aurons point de véritable repré-sentation nationale tant que nous conserverons dans la chambre des hommes dépendans et à la solde du gouvernement ; que nous ne serons jamais à l'abri des lois d'exception, c'est-à-dire , des lois qui consacrent l'arbitraire et sont les compagnes inséparables de la tyrannie, tant que nous aurons pour députés les agens du minis-tère ou les ministres eux-mêmes ; mais j'ai la conviction qu'en adoptant ma proposition *tout serait mieux* et ce motif me suffit pour vous l'adresser.

Je me borne à demander la suppression du premier paragraphe de l'article 54 de la charte et son remplacement par l'unique disposition que voici :

« Tout fonctionnaire public , soit civil soit militaire , ne pourra être élu membre de la chambre des députés ; un député ne pourra être nommé à un emploi public que trois ans après avoir cessé ses fonctions dans la chambre ».

Veuillez , Messieurs , prendre en considéra-tion une demande qui intéresse aussi essentiel-lement l'indépendance de la représentation nationale et par conséquent tous nos droits , toutes nos libertés. S'il est juste que le pouvoir trouve , dans ses agens , des défenseurs zélés ,

n'est-il pas aussi de la justice la plus rigoureuse
que la nation trouve dans ses députés des défenseurs dégagés de toute influence étrangère à
cette noble fonction ?

* * *

P. S. J'apprends que M. *Dupont (de l'Eure)*
est président de chambre à la cour royale de
Rouen, et je m'empresse de reconnaître que
je l'ai oublié dans la liste des députés salariés
par le gouvernement à raison des emplois qu'ils
occupent. Mais si l'impartialité me fait un devoir de réparer cette omission, la vérité m'oblige
à faire l'aveu que je n'en dois la découverte
qu'au hasard et que je n'avais nullement songé
à vérifier si M. Dupont (de l'Eure) était aussi
un fonctionnaire public : je ne voyais dans ce
député que les principes qu'il a émis à la tribune
en faveur de la justice et de la liberté.

De l'Imprim. de RENAUDIERE, Marché Neuf, n°. 48.